PENSÉES

RELIGIEUSES

D'UN SAINT-SIMONIEN

ANGERS

PENSÉES

RELIGIEUSES

PAR

UN SAINT-SIMONIEN

CROYANT A L'ÉGALITÉ DE L'HOMME ET DE LA FEMME.

> Dieu dit à Moïse : *Je suis celui qui est.*
> *Exode*, 3, 4.
>
> Tout est de lui, tout est par lui, tout est en lui.
> *S. Paul, ép. 1 aux R.* 11 — 36.
>
> Dieu est tout ce qui est.
> *Doctrine S. S.*
>
> Vos siècles page à page épèlent l'Évangile.
> Vous n'y lisiez qu'un mot et vous en lirez mille;
> Vos enfants plus hardis y liront plus avant.
> LAMARTINE, *ode sur les révolutions.*

ANGERS.

IMPRIMERIE DE ERNEST LE SOURD,

RUE FLORE, N° 12.

Juillet 1833.

PENSÉES

RELIGIEUSES

PAR UN SAINT-SIMONIEN

CROYANT

A L'ÉGALITÉ DE L'HOMME ET DE LA FEMME.

Quand Dieu veut se révéler aux hommes, il leur inspire le désir de le connaître.

Que celui qui désire connaître Dieu regarde autour de lui, il verra Dieu dans tout ce qui l'entoure. (*Voyez note* 85).

Mais qu'il sache que Dieu est infini, et que l'homme ne peut prétendre à concevoir l'infini. — 83 — 84.

Partant de l'infini, l'homme rencontréra un certain nombre de conséquences que son intelligence admettra, qu'il concevra, qu'il aimera, dans lesquelles il aura foi.

Mais plus tôt ou plus tard il arrivera à des conséquences que son intelligence repoussera, c'est-à-dire, qui seront pour lui inintelligibles, absurdes, et qui le feront douter de Dieu, s'il n'est pas assez fort pour savoir qu'il est faible, assez intelligent pour savoir qu'il a peu d'intelligence.

S'il ne sait, en un mot, que le fini ne peut comprendre, c'est-à-dire, embrasser, s'identifier l'infini.

L'homme qui cherche Dieu, arrivera toujours à un point où commencera pour lui le mystère. Moins il sera intelligent, plus tôt le mystère commencera pour lui; plus il sera fort, plus il ira loin sans rencontrer l'absurde.

Plus l'homme progresse, plus s'élargit l'horizon qu'il découvre; plus sont nombreux, par suite, les objets qu'il voit clairement et ceux qu'il ne voit qu'imparfaitement.

Mais le ciel qui s'ouvre à ses yeux lui présente de si éclatantes beautés, qu'il s'inquiète bien peu de connaître celles qui pour le moment sont au-delà des bornes que ses organes peuvent atteindre.

Si je regarde autour de moi, je vois des astres sans nombre, nageant dans une immense étendue que les hommes appellent le ciel.

Si par la pensée je m'élève au-delà du point que ma faible vue peut atteindre, je vois des mondes, encore des mondes, et ne peux concevoir de bornes à l'étendue de l'univers.

L'univers, pour moi, n'a donc pas de bornes, il est infini.

L'univers est-il créé, est-il éternel? S'il était créé, qu'y aurait-il eu avant lui? Le néant? Je ne peux concevoir le néant, c'est-à-dire, l'absence de l'infini, des bornes à l'infini. — La mort.

Si l'univers est infini, il est donc tout ce qui est, tout ce que l'homme peut concevoir de qualités, d'essences.

Disons ici que si nous sommes obligés, pour nous conformer au langage reçu, de reconnaître plusieurs qualités, chacune de ces qualités doit être considérée comme existant seule en Dieu, comme comprenant toutes les autres, comme étant Dieu, ou l'univers, ou l'infini, puisque l'infini est nécessairement un. —

Il ne peut y avoir de qualités contraires en Dieu. Il ne peut y avoir bien et mal. Où commencerait le mal, là finirait le bien et réciproquement.

Il faut donc admettre le mal infini ou le bien infini; autrement il n'y aurait pas d'infini, mais deux principes finis : l'un qui s'appellerait mal, l'autre qui s'appellerait bien.

S'il y a deux principes, lequel des deux dominera l'autre? Je ne vois aucune raison pour l'un plutôt que pour l'autre, et ne sais sur quoi se sont fondés ceux qui croient au Diable, pour admettre que celui-ci est moins fort que Dieu.

Y a-t-il esprit et matière? C'est la même question en d'autres termes. Où commencerait la matière, là finirait l'esprit et réciproquement.

Les deux ordres de phénomènes auxquels nous donnons le nom de matière et d'esprit, ne peuvent être que des modifications du principe unique Dieu? —

Quelqu'un peut-il croire que l'infini soit infiniment mauvais? Le mal, c'est le malheur. — Un être malheureux est un être impuissant, c'est à-dire, borné. — L'infini est infiniment bon.

Comment les hommes ont-ils jamais pu croire Dieu distinct de l'univers? Je ne puis concevoir l'univers borné, et s'il ne l'est pas, où donc serait Dieu. — Et s'il était borné, Dieu le serait aussi.

Si l'infini est un, il n'y a rien autre chose que l'infini. — Que sommes-nous donc? Là commence pour moi le mystère, l'absurde.

Je suis forcé d'admettre Dieu un et multiple à la

fois. — Cette idée me satisfait mieux que celle d'un Dieu borné, en dehors duquel je serais placé.

Je ne peux cependant admettre, comme les chrétiens, que Dieu m'ait laissé libre de faire *bien* ou *mal* pour me punir ou me récompenser. — Je ne peux concevoir qu'une volonté infinie. — 16 à 28.

Dieu étant la bonté infinie, doit en s'aimant aimer infiniment tout ce qui est. — Quels seront les effets de cet amour infini pour l'homme en particulier?

Un bonheur infini, c'est-à dire, de plus en plus grand pendant l'éternité. — 11, — 12, — 14.

L'homme obtiendra tout ce qu'il désire, et il est infiniment éloigné de désirer, de connaître tout ce qu'il obtiendra de bonheur pendant l'éternité. —29, — 41, — 52, — 55, — 77, —78 à 81.

Amour infini, amour égal pour tous. — Tous les êtres seront également heureux dans l'éternité. Nous sommes tous appelés, nous serons tous élus. — 69.

Nous marchons tous d'un pas égal vers le bonheur. — Je ne puis concevoir que les uns arrivent plus tôt que les autres à un point donné, eu égard au point de départ.

Car je suis obligé de me borner à deux points, deux temps ne pouvant comprendre l'infini dans le passé ni dans l'avenir.

Si de deux hommes créés, c'est-à-dire, transformés le même jour, l'un arrivait avant l'autre à un certain point du progrès, c'est-à-dire, à un certain degré de bonheur, — Ce résultat serait dû à ce que Dieu aurait fait le premier plus fort que le second.

Ceux qui supposent l'homme libre jusqu'à un certain point, tout en croyant le progrès nécessaire, commettent donc une inconséquence de la même nature que celle que commettent les chrétiens, qui supposent que Dieu condamne au feu éternel des êtres dont le seul tort est d'avoir été créés faibles. — 24, 25.

Ceux qui croient au progrès nécessaire en même temps qu'à la liberté de l'homme, sont donc encore un peu chrétiens. — Il est nécessaire de passer par là pour arriver à une idée plus avancée de Dieu.

Celui qui croit que l'homme progresse nécessairement, qu'il végète en quelque sorte vers le bonheur, est-il fataliste?

Non, si l'on donne à ce mot le sens que lui donnaient les anciens, que lui donnent les chrétiens ou les mahométans.

Ceux-ci croyaient au mal : — La Destinée ou le Diable poussait les hommes qui, avec l'aide de Dieu ou de ses ministres, devaient résister au génie du mal.

Si l'homme succombait, la miséricorde divine pouvait, dans quelques cas, lui faire grace. Ordinairement il était puni et presque toujours de peines disproportionnées à l'offense. — La justice humaine imitait la justice divine.

Les chrétiens disent: Dieu sait tout, et l'homme est libre. — S'il est vrai que les mahométans disent: Dieu sait tout, l'homme n'est pas libre, ils sont plus conséquens que les premiers. — Pour eux, l'inconséquence commence plus tard.

En effet, punir un homme qu'on ne croit pas libre, me semble la plus étonnante des inconséquences et la preuve la plus évidente de la non-liberté de l'homme, de sa végétabilité.

C'est que l'époque n'était pas encore arrivée où

l'éducation des hommes ne devait plus se faire par les supplices.

Aujourd'hui, les hommes éclairés demandent généralement la transformation, la suppression de la pénalité.

Le moment approche où l'humanité fera ce progrès important, et alors les hommes s'étonneront d'avoir été aveugles si long-temps.

Les hommes seront toujours inconséquens. — Voir toutes les conséquences du principe infini, ce serait voir Dieu lui-même, ce serait le comprendre, ce serait être Dieu.

L'homme le plus intelligent est celui qui supporte le plus grand nombre de conséquences du principe, — celui pour lequel l'absurde commence le plus tard.

L'infini ne peut agir qu'infiniment bien, et il n'y a qu'une manière de faire infiniment bien. Il n'y a donc qu'une loi pour l'infini, c'est-à-dire, pour tout ce qui est.

Dieu ne parle qu'une fois et il ne répète point ce qu'il a dit; le verbe de Dieu est éternel. — Cela répond au singulier reproche que des hommes peu intelligens ont, de tout temps, fait aux religions nouvelles de n'avoir rien inventé de nouveau. — 1, — 2.

Dieu n'a qu'une loi, ou plutôt Dieu est la loi éternelle que doivent suivre tous les êtres. — A mesure que les êtres progressent, ils découvrent un nouveau sens à cette loi, il la lisent plus distinctement parce qu'ils la voient de plus près, *à claritate ad claritatem.*

Les révélateurs, les chefs de l'humanité sont ceux qui traduisent, qui formulent la nouvelle partie ou plutôt le nouveau sens de la loi que le reste des hommes

(7)

n'aperçoit encore que d'une manière confuse. — 19 — 76.

Les hommes arriérés commencent par ne pas comprendre le révélateur. — Ils le regardent d'abord comme fou, puis le punissent comme immoral. — Socrate, Jésus, Enfantin. — 5, — 46, — 47.

Bientôt après, ils progressent, et alors les choses que le fou, l'homme immoral leur a révélées ' leur paraissent si simples, si vraies, si légitimes, qu'ils se persuadent qu'ils les savaient avant lui. — Ils les trouvent dans des livres écrits depuis des siècles, et alors ils crient au plagiat.

Tu aimeras Dieu par dessus toutes choses et ton prochain comme toi-même, voilà toute la loi et les prophètes, a dit Jésus. — 68 à 71.

Ces deux préceptes de la loi juive sont, en effet, les règles éternelles de la morale. — Tous les commandemens déduits de ceux-ci suivant les temps et les lieux sont modifiables à l'infini pendant l'éternité.

Dieu, seul principe éternel et souveraine fin. — Nous venons de l'unité, nous allons à l'unité. — 1, — 2, 7, — 8, — 20, — 22, — 49, — 50.

Plus nous abaissons nos regards dans l'échelle des êtres, plus nous voyons ceux-ci se ressembler les uns aux autres. — Rien ne se ressemble plus qu'un chêne et un chêne, un loup et un loup.

La différence est également peu sensible entre les hommes à l'état sauvage.

Dans un état plus avancé, rien de plus différent au contraire qu'un homme et un homme. — Et pourtant nous pouvons prévoir une époque du progrès où les nuances d'homme à homme seront à peine sensibles

Les êtres arriérés sont également inintelligens, autant du moins que nous pouvons en juger.

Les hommes deviendront, avec le temps, également intelligens à peu de chose près.

Supposez, en effet, dix degrés d'intelligence entre l'homme le plus intelligent et celui qui l'est le moins, c'est-à-dire, que l'intelligence du premier étant comme dix, celle du second sera zéro. — Tous deux progressent, il y aura toujours la même distance entre eux.

Supposez une époque où l'intelligence du premier soit comme mille, celle du second sera neuf cent quatre-vingt-dix.

Au premier point, le chef était dix fois plus intelligent que le dernier. — Au second point, la différence n'est plus que d'une fraction minime qui diminuera à l'infini.

Dieu est l'intelligence infinie, et Dieu est tout ce qui est. — Tout est donc intelligent. — La pierre est donc intelligente. — Conséquence absurde, mais nécessaire.

Nous sommes convenus d'appeler zéro un point donné du thermomètre. — Ce n'est pas à dire que les objets dont la température est au-dessous de ce point ne contiennent pas de calorique.

Pareillement, appelons zéro le point où nous cessons de reconnaître l'intelligence dans les êtres inférieurs. — Ce n'est pas à dire qu'au-dessous de ce point il n'y ait plus d'intelligence ; seulement elle n'est plus perceptible pour nos sens imparfaits.

Cette remarque s'applique à toutes les qualités que nous reconnaissons dans ce qui est.

Par la même raison tout est vrai. — L'erreur absoluc serait le néant, la mort, et nous ne pouvons admettre le néant. — 18, — 25, — 28, — 76, — 77.

Absurde ne peut signifier autre chose que : *ce que nous ne comprenons pas*. Mais ce que l'un ne comprend pas, l'autre le comprend, ou le comprendra, puisque nous progressons indéfiniment. — 85, — 84.

Il n'y a donc que des hommes peu intelligens qui rejettent d'une manière absolue ce qu'ils ne comprennent pas.

Celui qui rit de ce qu'il ne comprend pas, fait preuve d'inintelligence. — 87.

Le ridicule est la raison des sots, a dit J. J. Rousseau.

Quand le temps d'une vérité est passé, quand le chef de l'humanité a fait un nouveau pas, — il indique aux hommes arriérés la route qu'ils doivent suivre.

Mais il doit d'abord leur prouver que le point où ils s'arrêtent n'est pas le but définitif de l'humanité.

Les premiers révélateurs, ceux qui n'ont pas eu conscience du progrès ou qui n'ont pas voulu l'enseigner aux hommes, parce qu'ils savaient que ceux-ci n'étaient pas assez intelligens pour le comprendre, 51 —se sont toujours exprimés de manière à laisser penser que leur révélation était le dernier mot de Dieu, et qu'il n'était pas donné à l'intelligence humaine de pénétrer plus loin dans le livre éternel.

Lors donc que le chef du progrès avait dépassé le point généralement regardé comme terme,

Et qu'il voyait que ce qui est en avant vaut mieux que ce qui est en arrière,

Il le disait aux hommes arriérés; mais ceux-ci croyant, sur la foi de prêtres également arriérés,

Que c'était un crime d'examiner une doctrine que Dieu avait déclarée définitive, et qu'il fallait la croire quand même elle répugnerait à leur intelligence,

Refusaient d'écouter les hommes forts et de les suivre sur la route que ceux-ci leur indiquaient.

Mais alors les hommes forts attaquaient la vieille idole avec l'arme du ridicule, c'est-à-dire, la renversaient et la traînaient dans la boue.

Et le vulgaire, voyant que l'idole était tombée et que le feu du ciel n'avait pas consumé ceux qui l'avaient renversée,

Abandonnait des dieux déchus auxquels il ne tenait plus depuis long-temps que par un respect aveugle, et consentait à écouter les hommes forts.

Tout sert également le progrès : ce qu'on fait pour lui, comme ce que l'on fait contre lui. — 86.

Le ridicule, si puissant quand il s'agit de porter le dernier coup aux doctrines usées, devient au contraire un auxiliaire pour les idées d'avenir.

Car celles-ci ne pourront conquérir le monde qu'à la condition d'être propagées par des hommes qui ne failliront pas à leur œuvre,

Des hommes assez forts pour porter l'humanité tout entière et l'entraîner après eux sur la route du progrès. —48.

Il faut donc que les hommes qui suivront le chef soient soumis à de nombreuses épreuves ; — plus les épreuves seront nombreuses, plus il faudra de force pour résister.

Le ridicule se présente comme première épreuve : — il arrête ceux qui se sentaient portés à embrasser une idée nouvelle par le seul attrait de la nouveauté, parce qu'ils croyaient se faire distinguer de la foule par la singularité de leur langage ou de leur costume; ou par quelque autre motif aussi futile.

Les hommes forts ne peuvent que devenir plus forts en perdant de tels auxiliaires; — ils connaissent, eux, la puissance et la douceur de la nouvelle loi qu'ils sont appelés à enseigner.

Comme saint Etienne, ils ont vu les cieux ouverts : que peuvent contre eux les Pygmées bouffons qui les sifflent ou les roquets qui leur mordent les talons. — Quant aux sots, c'est-à-dire, les hommes les plus arriérés, ils arriveront plus tôt ou plus tard, mais tous arriveront au temps marqué par Dieu, puisque tous sont sur la route du progrès.

Il n'y a pas de ridicule absolu. — Ce qu'on admire à Paris peut être ridicule à Pékin et réciproquement. Ici des hommes se font martyriser pour des idées dont on rit là-bas.

L'homme intelligent ne rit pas des hommes arriérés; il les plaint et tâche de les éclairer, parce qu'il les aime.

Il ne réfute pas, parce qu'il sait que tout est vrai : — il explique; et quand il ne peut plus expliquer, il se tait et s'incline ou s'écrie avec saint Augustin : *Credo quia absurdum.*

Parmi les hommes, y a-t il un premier et un dernier ou des premiers et des derniers ?

Autrement, y a-t-il dans la route du progrès une série d'individus ou une série de groupes composés d'hommes d'une intelligence égale ?

J'adopte la première de ces deux idées, car je n'ai

jamais vu deux hommes se ressemblant parfaitement sous tous les rapports intellectuels.

Il doit donc y avoir autant d'idées de Dieu qu'il y a d'êtres.

C'est là encore une des faces de cette vérité : Dieu est un et multiple à la fois.

Il est facile de faire un symbole et de le siffler ensuite à des hommes qui le répètent comme des perroquets.

Pour croire, il ne suffit pas de dire : Je crois. — Partout où vous permettrez l'examen, vous verrez que des nuances distinguent la croyance de tous les sectateurs de la même religion.

Cela n'empêche pas qu'un grand nombre d'idées ne soit commun à un certain nombre d'hommes ; — mais le premier verra toujours beaucoup plus loin que tous ceux qui viendront après lui.

Il ne pourra révéler à ceux-ci que celles de ses idées qui sont à leur portée, c'est-à-dire, celles qui déjà sont pour lui des vérités arriérées, ce que le vulgaire appellerait mensonge, erreur. — 51 — Dans ce sens on peut donc dire que les révélateurs sont nécessairement des imposteurs.

Dieu est infini, c'est-à-dire, parfait : une loi parfaite ne peut avoir d'anomalie, d'exception. — Il ne peut y avoir de monstre pas plus dans l'ordre moral que dans l'ordre physique.

Ce que nous appelons monstruosité physique, idiotisme, folie, etc., ne peut donc être en dehors de la loi. — Des observations plus exactes permettront de classer dans la loi commune ces différens états regardés jusqu'à présent comme exceptionnels.

Plus l'homme progresse, plus ses sympathies aug-
mentent en intensité et en étendue, c'est-à dire, que
l'homme intelligent peut concentrer sur un seul être
une bien plus grande somme d'amour que ne le peut
un homme arriéré, sans cependant que cet amour soit
exclusif.

C'est-à-dire que le chef de l'humanité a beaucoup
plus d'amour pour toutes les femmes, pour tous les
enfans et pour tous les hommes en général, qu'un
sauvage n'en a pour sa femme et ses enfans.

Ce qui n'empêche pas que le premier ne puisse avoir
un sentiment de préférence pour un ou plusieurs êtres;
mais plus il progressera, plus cette inégalité tendra à
disparaître.

Car plus il progresse, plus il s'approche de la justice
infinie, c'est-à-dire de l'unité. — 69.

Nous avons dit que Dieu n'avait qu'une seule qualité *infinie* ou plutôt qu'il était cette qualité, cette es-
sence *unique*, puisqu'elle est *infinie*.

Intelligence, amour, puissance sont donc une seule
et même chose dans tout ce qui est.

Aimer une chose, c'est avoir l'intelligence de sa
bonté.

L'infini ne peut aimer sans obtenir, c'est-à-dire,
sans avoir puissance de faire ce qu'il aime.

Plus l'homme avance dans l'infini, plus il a puissance d'obtenir ce dont il comprend la bonté, — plus
son désir a de force, plus il est près d'être satisfait. —
52, — 54, — 55.

Une conséquence du progrès sera donc de diminuer
les obstacles qui empêchent l'homme de faire ou d'obtenir ce qu'il sait être bon.

En d'autres termes, plus l'homme progressera, plus il trouvera en lui-même la puissance de faire ce qu'il saura être bon pour lui et pour les autres,

Plus l'antagonisme s'effacera, — plus l'association s'étendra et se resserrera, — par conséquent, plus chacun sentira qu'il a intérêt à ce que chacun soit classé suivant sa capacité, c'est-à-dire, mis dans la place où il pourra rendre le plus de services à la société.

Imaginez un homme propriétaire d'une machine assez puissante pour filer le coton, moudre le blé et scier le bois nécessaire à une ville entière;

Imaginez que cet homme, loin d'employer sa machine à un tel usage, l'emploie à faire mouvoir une balançoire dans laquelle il se berce nonchalamment tous les jours de sa vie, sans rien produire pour la société.

Supposez que pendant ce temps, la moitié de la ville manque de farine, de coton ou de bois pour meubles;

Vous aurez l'image de la soi-disant société actuelle, dans laquelle des hommes possèdent un énorme superflu dont ils disposent à leur gré productivement ou improductivement, tandis que d'autres manquent du nécessaire; —heureux encore ceux-ci, quand l'instrument qui, placé en d'autres mains, pourrait servir à leur bien être, ne devient pas pour eux un instrument de dommage, placé en des mains inintelligentes.

Mais vous aurez aussi l'espoir consolant que ce désordre finira par frapper les yeux les moins clairvoyans; et alors où s'arrêtera la puissance humaine,

Quand toutes les forces des hommes seront employées harmonieusement à procurer à tous la plus grande somme de bonheur possible;

C'est-à-dire, quand chacun sera classé suivant sa capacité dans une société où ne régnera plus l'antagonisme sous le nom de fermage, salaire, concurrence, etc., mais où tous et chacun concourront au même but comme des millions de bras mus par une seule tête? — 78 à 81.

Expliquer, c'est dérouler et comprendre les conséquences d'un principe.

L'homme intelligent sait que les opinions arriérées sont des conséquences, c'est-à-dire, des vérités, et explique des conséquences plus avancées que ne peuvent comprendre les hommes moins intelligens.

Il sait aussi que les conséquences qu'il ne peut comprendre sont également vraies, car tout est vrai.

Pour le vulgaire, les vérités arriérées sont des erreurs ou des mensonges; les vérités trop avancées, folie, absurdité, mysticisme, mensonge.

Tout cela est vrai suivant le temps, le lieu et les individus.

Quand tous les hommes auront de la loi du progrès l'idée que les chefs de l'humanité en ont dans ce moment, le mot absurde sera rayé de tous les vocabulaires; — à cette époque, toute guerre, toute dispute, toute discussion sera nécessairement impossible. — 79.

Les hommes qui commencent à sentir que le progrès est nécessaire, et qui cependant font effort pour faire accorder cette opinion avec la liberté de l'homme, sont encore dans la saison de l'orgueil; ils sont glorieux.

ils ne peuvent comprendre un bonheur qu'ils ne croi-raient pas avoir gagné. 16 — 25 à 28.

Dieu étant infiniment juste, il est impossible de ne pas admettre que le classement suivant la capacité, ait lieu dès ce moment, si l'on veut entendre par clas-sement suivant la capacité, le classement suivant la destination de l'homme, suivant son œuvre dans l'œu-vre générale.

On doit également admettre que les alternatives de travail et de repos se succèdent suivant la justice la plus exacte, c'est-à-dire, que celui qui se repose pen-dant toute cette vie a rudement travaillé pendant sa vie précédente et réciproquement.

La venue du règne de Dieu sur la terre, autrement le progrès, consiste en ce que de plus en plus l'homme verra clair dans l'œuvre de Dieu, son rôle sera de moins en moins obscur pour lui, et aussi de moins en moins pénible.

Tant que régnera ce qu'on appelle l'antagonisme, ce qui l'est en effet relativement à notre courte vue, l'homme pourra croire au désordre, au classement in-juste, au hasard aveugle. — Supposez qu'un mauvais général soit mis à la tête d'une armée et soit battu, direz-vous qu'il n'était pas à sa place ? mais ce serait dire que Dieu n'a pas présidé à l'acte qui l'a placé, ce serait dire que quelque chose a été fait sans ou contre la volonté de Dieu. — Il entrait dans le plan éternel qu'une armée fût battue ; Dieu place à la tête de cette armée un mauvais général. — Ainsi de tous les préten-dus désordres.

Le but de l'humanité étant de plus en plus connu, les hommes comprenant de plus en plus cette vérité :

qu'ils marchent vers l'Association ou la Société, c'est-
à-dire un ordre de choses dans lequel les avantages
sociaux n'étant plus accordés seulement à quelques-
uns, dans une même période de vie, mais apparte-
nant à chacun en proportion de ses œuvres, chacun
aura intérêt à ce que ses co-sociétaires soient respecti-
vement placés dans la position où ils pourront rendre
le plus de services à la société.

Les choix faits par eux seront de plus en plus éclairés, les erreurs de moins en moins nombreuses et im-
portantes relativement au but connu d'eux.

Pareillement aussi les alternatives de travail et de
repos étant réglées par eux-mêmes dans une même
période de la vie générale, ils ne pourront plus croire
à l'arbitraire, à l'inégalité, au privilége.

Et le bonheur de tous en sera augmenté, car la
croyance au privilége est un malheur pour ceux qui
s'en croient les victimes comme pour ceux qui sont
haïs par ceux qui les regardent comme privilégiés.

Il n'y a donc, il ne peut y avoir ni désordre, ni
privilége, et cette vérité serait encore bien plus évidente si l'on pouvait descendre au fond des consciences,
seul moyen de connaître le bonheur de chacun. — 3o.

Il y a proportionnellement une égale quantité de
bonheur dans toutes les classes de la société; on ne
peut augmenter le bonheur d'une portion de l'humanité sans augmenter celui du reste des hommes.

C'est dans ce sens qu'on peut dire, même sans croire
à la liberté de l'homme, que plus l'homme fera d'efforts plus il sera heureux.

Ses efforts seront le signe et non la cause du bonheur
comme l'ascension de la sève est le signe et non la

cause de la végétation, — la cause de l'un comme de l'autre de ces phénomènes est en Dieu.

S'il est vrai (et cela est) que dans les différentes périodes de la vie éternelle, l'homme parcourt les différens états, les différentes classes de la Société, de l'humanité, on conçoit aussi que le riche qui travaille à l'amélioration du sort des pauvres, travaille pour lui-même; non-seulement parce qu'il sera plus heureux quand il ne sera entouré que d'heureux, mais encore parce que, dans une autre vie, il sera lui même dans la classe dont il aura contribué à améliorer le sort.

« Jésus lui dit : si vous voulez être parfait, allez,
» vendez ce que vous avez et donnez-le aux pauvres,
» et vous aurez un trésor dans le ciel, puis venez et me
» suivez. *Matth.* 19—21.

» Et quiconque abandonnera pour moi sa maison
» ou ses frères, ou ses sœurs, ou son père, ou sa
» mère, ou sa femme, ou ses enfans, ou ses terres, en
» recevra le centuple et aura pour héritage la vie éter-
» nelle. *Ibid.* 29.

» Mais plusieurs qui avaient été les premiers seront
» les derniers, et plusieurs qui avaient été les derniers
seront les premiers. *Ibid.* 3o.

. . . .

» Alors le roi dira à ceux qui seront à sa droite :
» venez, vous qui avez été bénis par mon père, pos-
» sédez comme votre héritage le royaume qui vous a
» été préparé dès le commencement du monde.

» Car j'ai eu faim et vous m'avez donné à manger,
» j'ai eu soif et vous m'avez donné à boire, j'ai eu be-
» soin de logement et vous m'avez logé.

» J'ai été sans habits et vous m'avez revêtu, j'ai été
» malade et vous m'avez visité, j'ai été en prison et
» vous m'êtes venu voir.

. . . .

» Et le roi leur répondra : Je vous dis en vérité qu'au-
» tant de fois que vous avez rendu ces devoirs au moin-
» dre de mes frères, c'est à moi-même que vous les
» avez rendus. *Matth.* Ch. 25 , v. 34, 35, 36, 40,
» (voir les notes 6ᵉ et de 29 à 45). »

Substituez l'association à l'aumône, voilà le Saint-
Simonisme.

Le classement suivant la capacité ne sera jamais
parfait, puisque l'humanité n'atteindra jamais la perfection dont elle s'approchera seulement de plus en
plus pendant l'éternité.

Dieu n'a qu'une loi, — dans la vie éternelle, l'homme
doit parcourir des périodes de bien-être et de mal-être
analogues aux saisons qui divisent l'année. Les tribulations succèdent aux joies et les joies aux tribulations,
mais de telle sorte que le bonheur va toujours en aug-
mentant et la douleur en diminuant.

Et à une époque de la vie future, il y aura une telle
fusion de ces deux états successifs que les nuances seront à peine perceptibles quoiqu'existant cependant
toujours.

*Car rien ne meurt, tout se transforme et se per-
fectionne.*

Et d'ailleurs le bonheur a besoin de contraste.

On peut également assurer qu'à une époque de l'a-
venir, l'homme se rendra tellement maître de la *nature extérieure*, que les différences des saisons dispa-

raîtront à peu près complètement. — L'âge d'or est devant nous : *ver erit æternum.*

Un gouvernement qui laisse le peuple sans éducation, ressemble à un propriétaire qui laisse la majeure partie de ses terres en friche.

Il y a deux éducations : l'éducation qui vient de Dieu immédiatement, s'il l'on peut dire, ou par des agens que nous ne pouvons apprécier, et l'éducation que Dieu donne aux hommes par les autres hommes — 18.

La première agit nécessairement et à chaque instant de la vie générale; la seconde, seulement à certaines époques, selon une règle que nous ne connaissons pas.

Il résulte de là, que tel homme ou telle peuplade entièrement privés de l'éducation des hommes peuvent cependant être beaucoup plus intelligens que tels autres hommes plus savans que les premiers.

Certaines peuplades appelées sauvages parce qu'elles manquent entièrement d'instruction sont, relativement à des peuples moins intelligens, moins sympathiques, mais plus instruits, ce qu'est une excellente terre qui, sans culture, produit des fruits délicieux, relativement à une terre moins bonne qu'une bonne culture a couverte de moissons. Vienne le cultivateur qui défriche les savanes, et l'on sera surpris en voyant la supériorité et l'abondance des produits de cette terre jusque là couverte seulement d'arbres sauvages.

Le signe le plus certain d'intelligence chez les hommes ou les peuplades incultes, c'est la douceur des mœurs — 4 — 9 — 10 — 15 — 19 — 57 — 58 — 61 — 62 — 65 — 68 — 73 — 74 — 75 — 82.

Cela explique comment les habitans d'O-Taïti civilisés d'hier, ont déjà aboli la peine de mort contre laquelle on réclame en vain chez les peuples les plus anciennement civilisés de l'Europe.

S'il n'était pas vrai que l'éducation générale agît incessamment et sans le secours des hommes, comment progresseraient les êtres inférieurs à l'homme? — 88.

Hasard ne peut signifier autre chose que ce que l'homme n'a pas prévu : un alchimiste cherche la pierre philosophale, il découvre la poudre à canon ; — c'est dans ce sens que l'on peut dire : le hasard est le père des découvertes.—Cela est vrai relativement aux découvertes auxquelles on est conduit en suivant les conséquences d'un principe; — mais en définitive Dieu a tout prévu.

Ceux qui appellent hasard un évènement qu'ils croient n'avoir pas été prévu par Dieu sont de véritables païens; le hasard est pour eux un Dieu auxiliaire.

Tout vient de Dieu, tout est révélation. — Éducation et révélation sont synonymes. — 16 à 19 — 25 à 28.

Si par égoïste on entend un homme qui veut être heureux sans travailler au bonheur de ses semblables ;

Ou celui qui veut être heureux aux dépens des autres,

Ou celui qui ne conçoit qu'un bonheur exclusif,

Idiot, stupide, imbécile sont synonymes d'égoïste.

En s'aimant lui-même, Dieu aime tous les êtres.

Celui qui se rapproche le plus de Dieu, c'est-à-dire celui qui est le plus heureux est celui qui sent le mieux que son bonheur dépend du bonheur du reste de l'humanité. — 68 — 69.

Heureux est donc synonyme d'intelligent et de sympathique.

Celui qui se sacrifie pour l'amélioration du sort de tous, s'aime donc d'un amour beaucoup plus éclairé que celui qui sacrifie l'intérêt général à ce qu'il croit être le sien.

Le dévouement n'est donc autre chose que l'égoïsme éclairé. — 29 à 45.

Dieu est un et multiple à la fois. — Vous le considérerez sous l'un ou sous l'autre de ces deux aspects, selon que cela vous sera nécessaire pour mettre sa bonté et sa justice d'accord avec l'idée la plus parfaite que vous puissiez avoir de la justice et de l'amour, - car vous ne pouvez concevoir l'amour infini.

Il y a autant d'idées de Dieu qu'il y a d'êtres, c'est-à-dire que Dieu se réfléchit dans tous les êtres. Les peuples les plus sympathiques adorent le Dieu le plus aimant. Aussi, voyez comment, à mesure que l'homme progresse, l'idée de Dieu va toujours s'épurant, se débarrassant du cortége des tortures, des châtimens, des peines.—Voyez le cruel Dieu des Juifs faisant place au Dieu des Chrétiens, cruel encore, puisqu'il a des peines éternelles; — puis le Dieu des Saint-Simoniens devant lequel il n'y a plus de réprouvés, mais par qui tous sont appelés et tous seront élus. — 18 — 55 — 69.

Les lois humaines suivent la même progression que les lois divines : —.le peuple qui croit à un Dieu cruel a nécessairement des lois atroces : à mesure que sa croyance s'affaiblit, ses lois s'adoucissent.

Que si les chefs d'un peuple veulent lui imposer des lois arriérées, c'est-à-dire qui ne sont pas en rapport avec sa moralité, ses idées de justice, ses sympathies,

De deux choses l'une, ou la loi ne sera pas appliquée, ou bien l'indignation qu'elle causera, véritable fièvre populaire, ne pourra cesser que par l'expulsion du législateur devenu pour le corps politique un véritable corps étranger.

On peut en dire autant des chefs qui refusent aux peuples les lois que leur moralité réclame, — c'est-à-dire que la *rétrogradation* et le *statu quo* sont également impossibles.

On ne réussit pas mieux à arrêter un torrent qu'à le faire rétrograder : « le torrent roule à Jéhova. »

Il n'y a qu'une loi. — Toutes les vérités physiques sont aussi des vérités morales.

Il n'y a pas de paresseux, il y a seulement des personnes qui aiment plus ou moins les fonctions qu'elles sont appelées à remplir.

Il y a dans les expressions plus de vérités qu'on ne le pense généralement. — De tout temps on a appelé l'homme criminel un malheureux. — De tout temps on a dit de celui qui avait bien ou mal fait : il a eu une bonne ou une mauvaise inspiration. 24 — 25 — 28.

L'intelligence, c'est-à-dire la moralité relative à la loi éternelle, *tu aimeras Dieu et ton prochain*, etc., est le seul moyen d'estimer l'âge d'un homme dans la vie générale ou sa place relative dans la hiérarchie humanitaire.

Il y a beaucoup de vieillards de vingt-cinq ans, et beaucoup d'enfans de soixante. 5 — 6 — 8 — 9 — 10 — 13 — 15 — 56 — 66 — 68 — 69 — 82.

Dans la vie éternelle, les êtres répètent à chaque période de vie ou après chaque transformation, les phases qu'ils ont déjà parcourues dans la vie précédente ; — mais de telle sorte qu'à chaque nouvelle vie et dans chaque période de celle-ci, ils soient de plus en plus parfaits ou heureux.

Il en est de même de l'humanité. — Les peuples parcourent les quatre âges; enfance, jeunesse, virilité, caducité; — puis ils se renouvellent, mais dans leur caducité, ils sont plus intelligens, plus parfaits qu'ils ne l'étaient dans la jeunesse, ou la virilité de la même période. — 15.

Ce qu'on appelle alors immoralité, est seulement l'abandon de la vieille morale, de la vieille religion que les hommes quittent comme un vieil habit qui tombe en lambeaux.

L'humanité entre alors dans une période critique ou philosophique, véritable enfance de la vie nouvelle, âge destructeur, pendant lequel les hommes nouveaux commencent en riant la démolition du vieil édifice et finissent par se battre sur ses débris que défendent les vieillards de l'autre âge.

Bientôt après, une nouvelle loi est formulée par l'homme qui est réellement le chef de l'humanité, le seigneur, *senior*, la loi vivante, le père; — et alors les hommes après lui les plus moraux, c'est-à-dire les plus âgés, se séparent d'une société livrée à l'anarchie, à l'individualisme, et suivent avec amour le nouveau législateur, comme des enfans suivent leur père ou leur maître. — 8 — 15.

Mais de telle sorte qu'à chaque rénovation la nouvelle loi est plus belle, le législateur plus fort et plus aimant, les disciples ou les enfans plus dociles et plus dévoués; car l'amour ou l'intelligence va s'accroissant pendant l'éternité; — et le Christ dont la voix a rallié ces hommes est réellement le sauveur de l'humanité;

car l'ancienne loi, la dernière révélation ne la satis-
faisant plus, n'étant plus en rapport avec ses idées du
beau et du bon, avec sa moralité ; en un mot, —
les hommes s'abandonnent à leur propre inspiration,
c'est-à-dire, à l'individualisme ou à l'irréligion, dont
le dernier terme serait la complète dissolution de la
société si, avant que l'humanité ait atteint ce terme,
Dieu ne lui envoyait pas un nouveau lien d'amour, une
nouvelle religion — 48.

La religion et la philosophie sont donc les deux
phases de la révélation : — la première construit, la
seconde détruit l'ouvrage de la première et prépare le
terrain pour une construction nouvelle, car Dieu n'ef-
face que pour mieux écrire.

Aux époques philosophiques l'homme doit être pré-
somptueux : — pour qu'il pense à détruire l'ancien édifice religieux, il faut qu'en même temps qu'il voit ses
imperfections il s'imagine pouvoir atteindre la perfec-
tion ; qu'il croie que ses yeux pourront embrasser toute
l'étendue de la lumière infinie.

Aussi, voyez comme les hommes du 18ᵉ siècle se
moquaient des mystères. — Les philosophes n'ont-ils
pas la prétention d'expliquer tout ? — Il n'est pas rare
d'en rencontrer qui prétendent avoir trouvé la vérité
qu'on avait en vain cherchée jusqu'à eux.

Examinez les philosophes ; vous verrez en eux tous
les signes de l'enfance ; la vanité, l'amour du bruit et
de ce qui brille, la présomption, l'irascibilité, etc.

Mais aussi, comme chez les enfans, ces défauts ne
sont que de légers nuages qui couvrent passagèrement
un fond de sympathie toujours croissante.

De telle sorte que chez eux il y a plus d'intelligence

que chez les jeunes vieillards dont ils se moquent en détruisant leur ouvrage.

C'était Voltaire qui faisait réhabiliter Calas assassiné par le fanatisme , et prenait la défense du jeune Dela-barre que les prêtres de son époque faisaient périr dans d'affreux tourmens.

Aux époques organiques ou religieuses , l'homme dont l'intelligence a fait un progrès , sait qu'il ne peut arri-ver à la perfection , mais que sa tâche est seulement de construire un édifice approchant plus de la perfec-tion que celui qu'il doit remplacer.

Car , il sait que l'homme s'approche sans cesse de la perfection sans jamais l'atteindre ; — il n'est plus dans l'âge de la présomption , il croit au mystère.

A cette époque , les enfans , ou les philosophes , trom-pés par quelques traits de ressemblance , attaquent l'é-difice nouveau , dont ils ne comprennent pas le plan , avec les mêmes armes qui leur ont servi à renverser l'ancien.

Mais leurs efforts n'ont pas la puissance d'irriter ni même d'étonner les nouveaux architectes : — Ceux-ci continuent leur ouvrage avec confiance , certains que les enfans deviendront des hommes.

—Tant qué les hommes ont dû croire que leur loi religieuse était immuable , c'est-à-dire , tant qu'ils ont ignoré que l'humanité était progressive , les hommes les plus avancés dépassaient successivement le cercle inflexible de la loi.

Tellement qu'à une époque donnée du progrès , les ministres de la loi stationnaire , ceux qui de droit étaient les chefs de la société , étaient de fait moins moraux , moins intelligens que tous ceux qui avaient dépassé la loi — 75 à 75.

Et pourtant, comme ces hommes arriérés, possédant encore le pouvoir, mesuraient la *morale publique* à leur loi arriérée qu'eux-mêmes ne suivaient plus, quoiqu'ils voulussent encore paraître la suivre, les novateurs, les véritables chefs de l'humanité ont toujours été condamnés par eux comme immoraux.

Quand l'immense majorité des hommes ayant dépassé la loi morte, celle-ci a définitivement pour organes, pour ministres, les hommes qui sont au dernier échelon de l'intelligence, de la moralité;

Quand les hommes qui sont au dernier degré de l'échelle sociale, ont plus d'intelligence, plus d'amour pour leurs semblables, plus de moralité que ceux qui sont les chefs de droit,

Alors vous saurez que la rénovation, la résurrection, le royaume de Dieu est proche.

» Mais plusieurs qui avaient été les premiers seront
» les derniers, et, plusieurs qui avaient été les derniers
» seront les premiers. » *Math.* — 19 — 50.

Tant que les hommes sont unis par un lien religieux, tant qu'ils sont soumis à une hiérarchie, le chef donne l'impulsion aux inférieurs qui lui obéissent avec amour parce qu'ils savent qu'il est le plus intelligent, le plus moral, le plus aimant.

Cette hiérarchie est donc essentiellement moralisante tant que les chefs sont les hommes les plus moraux, puisque leur moralité est la règle qui guide les inférieurs.

On conçoit qu'il doit être difficile alors d'avoir une juste idée de la moralité des inférieurs, c'est-à-dire de leur place respective dans le progrès, si l'abnégation de la raison est imposée aux fidèles sous peine d'éternelle damnation, véritable collier de force sous l'influence duquel l'inférieur est transformé en automate, n'agissant, ne pensant que d'après l'ordre ou la permission du chef.

Mais à l'époque où, par suite du progrès, la loi inflexible qui fut autrefois une religion, ne régit plus qu'un parti, qu'une fraction du corps social composée d'hommes arriérés, dépassés par la majeure partie des sociétaires.

S'il arrive que les chefs de parti représentant les anciens prêtres, aient ou croient avoir intérêt à combattre les hommes du progrès et lâchent la bride à leurs inférieurs,

On aura alors la véritable mesure de la moralité de ceux-ci, car chacun d'eux commettra plus ou moins de crimes, c'est-à-dire d'actions arriérées, selon qu'il sera plus ou moins arriéré.

On vante la probité des paysans de la Vendée et en général des villages influencés par les idées catholiques; — quelques personnes les mettent beaucoup au-dessus de ceux qui ont secoué le joug de ces idées ; et en effet dans les temps de tranquillité il y a une telle uniformité de *probité* parmi les paysans dévots qu'on trouverait difficilement une nuance entre chacun d'eux.

Rien de plus varié, au contraire, que la moralité des hommes qui ont abandonné la vieille religion; chacun d'eux obéit à son impulsion, à son inspiration, à son intérêt comme il le conçoit; on les voit tels qu'ils sont réellement.

Véritable animal apprivoisé, le paysan dévot reprend sa férocité native, dès que son maître l'abandonne à lui-même.

Jusque-là, on n'avait pu le juger, car pour lui le bien ou le mal c'était l'ordre ou la défense du maître.

Les prolétaires, qui depuis peu ont secoué le joug de leurs anciens chefs, se défient pendant quelque temps de toute hiérarchie, parce qu'ils ont vu l'immoralité des chefs, des prêtres qu'ils viennent de quitter, c'est-à-dire de laisser en arrière sur la route du progrès.

Bientôt ils sentiront le besoin d'une hiérarchie, ils chercheront, se tromperont d'abord et pourront suivre un despote qui, pendant quelque temps, les amusera avec de la gloire militaire, des titres, des rubans et autres hochets semblables.

Mais ils sont en voie de progrès; — encore quelques pas et leur intelligence plus développée leur permettra de distinguer leur véritable sauveur, celui qui aura le mieux formulé la nouvelle loi sociale, celui qui aura le mieux compris les besoins nouveaux dans la nouvelle traduction de cette vérité éternelle : tu aimeras Dieu par-dessus toutes choses et ton prochain comme toi-même.

La connaissance de la loi du progrès aura pour effet de faire disparaître de la vie humanitaire les époques critiques ou philosophiques; le progrès n'éprouvera plus d'interruption et les chefs seront dans tous les temps les hommes les plus sympathiques.

La liberté consiste à faire ce qu'on aime, Dieu nous fait aimer ce qu'il veut que nous fassions; il est donc vrai de dire que l'homme est libre et qu'il ne l'est pas, — nouvelle preuve que tout est vrai.

Si l'on entend par liberté le droit, pour chaque individu, d'agir sans être guidé par des hommes supérieurs en intelligence, mais seulement par une loi morte sujette à autant d'interprétations qu'il y a de degrés d'intelligence, nous sommes encore bien loin de l'époque où l'ordre et la liberté pourront être conciliés.

Cela n'arrivera qu'à l'époque où les hommes seront à peu de chose près égaux en intelligence, où ils seront en quelque sorte consommés dans l'unité.

Mais à cette époque, le despotisme et la liberté se concilieront parfaitement, puisque le premier et le dernier étant à peu près égaux en intelligence, il n'y aura qu'un seul désir, qu'une même volonté.

L'oisiveté est la mère de tous les vices, — les hommes arriérés sont dans la vie générale ce que les enfans sont dans chaque période de vie; leurs passions, c'est-à-dire les désirs que Dieu leur a donnés pour leur bonheur, n'étant pas réglées par une intelligence assez avancée, seraient pour eux une cause de douleurs et non de jouissances, si leur pouvoir de les satisfaire n'était pas modéré d'une manière quelconque.

Voilà la cause du despotisme, de l'esclavage, du travail dont sont accablés les hommes arriérés.

Si Dieu permet que quelques-uns d'eux riches ou pauvres vivent dans l'oisiveté et la liberté, les deux circonstances les plus favorables à la manifestation du degré de moralité de ceux qui s'y trouvent placés, c'est afin que leur exemple soit une preuve de l'inconvénient qu'il y aurait à lâcher les rênes à tous ceux

qui sont au même degré de l'échelle intellectuelle,
— faisons remarquer ici l'erreur, c'est-à-dire le peu
d'intelligence de ceux qui pensent que la civilisation
est une cause de corruption, — en d'autre termes : que
l'homme se détériore, qu'il rétrograde au lieu de
progresser.

La civilisation augmente les moyens que les hommes
ont de satisfaire leurs désirs, — de deux hommes au
même point du progrès, celui qui vivra dans l'état
sauvage, paraîtra peut-être aux yeux d'un observa-
teur superficiel moins *vicieux* que celui qui vit dans un
pays civilisé.

Mais si ce dernier se livre à des excès qu'on ne peut
reprocher au premier, c'est qu'il a des occasions et
des moyens plus nombreux et plus fréquens de satisfaire ses désirs.

Cela explique pourquoi pendant un temps les plai-
sirs de la chair ont été défendus à certains peuples avec
menaces de peines horribles et éternelles pour ceux
qui violeraient cette défense.

Si Dieu a voulu que dans le même temps et avec
des moyens à peu près égaux de se satisfaire, d'autres
peuples n'aient pas été soumis à la même loi, n'est-ce
pas une preuve que chez ces peuples il y avait plus
d'intelligence que chez les précédens?

Dans l'examen de cette question il faut voir s'il
n'existait pas chez les derniers d'autres obstacles équi-
valens.

Un peuple qui, après avoir renversé ses maîtres et
dans l'ivresse de la victoire, peut mettre un frein à ses
passions, est bien près de l'époque marquée par Dieu
pour son émancipation, — sa résurrection.

La propriété est tout ce qui sert à la production , — mon intelligence , mes bras , ma bèche , ma terre servent à la production du blé , du vin , qui servent à obtenir d'autres produits qui produisent en définitive du bien-être à la société.

L'homme est de moins en moins exploité par l'homme, c'est-à-dire que la propriété est de plus en plus respectée. — 79.

Les peuples les plus avancés, les plus intelligens sont donc ceux chez lesquels l'homme est le moins exploité par l'homme. — 68 à 72. — 82.

Chez la plupart des peuples de l'Europe, l'esclavage et le servage ont disparu, mais aucun d'eux ne s'est encore élevé jusqu'à l'association ou la société, ordre de choses dans lequel chacun aura une part de jouissances proportionnée à ce qu'il aura fait pour la jouissance des autres.

Les prolétaires sont les propriétaires qui paient les impôts , mais ne les volent pas.

Il y a exploitation, non-seulement quand un individu enlève à un autre tout ou partie du produit de son travail , c'est-à-dire de sa propriété,

Mais encore et plus généralement toutes les fois que dans les relations entre deux individus, l'un a des droits que n'a pas l'autre , — l'un est soumis à des devoirs qui ne sont pas imposés à l'autre, — partout où il y a exploitation, il y a privilège et réciproquement.

De ce qui précède, il résulte que chez tous les peuples connus il y a non-seulement exploitation de l'homme par l'homme, mais aussi exploitation de la femme par l'homme.

On a observé que chez les peuples où l'homme est

le plus exploité par l'homme, la femme l'est en égale proportion et *vice versâ*.

—Celui qui désire le plus ardemment l'améliora-tion du sort de ceux qui souffrent, doit être le plus sensible aux maux qui désolent l'humanité.

Cet homme qui porte les douleurs de tous ceux qui souffrent, est donc le plus malheureux des hommes ? non sans doute ;

Car, s'il en était ainsi, le progrès qui n'est autre chose que l'extension de l'amour du prochain serait une cause de douleur et non de joie.

Si l'homme intelligent désire une société nouvelle, c'est, il est vrai, parce qu'il se trouve mal à l'aise dans les ruines de celle où il vit pour le moment.

Mais il connaît la loi d'amour, il a foi dans l'avenir, dans la venue du règne de Dieu sur la terre. — 8o.

Il se détache des choses de ce monde et transporte sa vie presque entière dans le monde à venir.

Si son cœur saigne de toutes les douleurs présentes, il jouit, en compensation, des joies ineffables, infinies, dont l'humanité tout entière jouira pendant l'éter-nité.

Celui qui ne souffre que de ses douleurs, ne jouit aussi que des joies grossières et matérielles qu'il peut se procurer au jour le jour.

Ne connaissant pas l'avenir, il tremble chaque jour pour son bonheur du lendemain, et craint la mort comme la fin de ses jouissances, peut-être même comme le commencement de souffrances éternelles.

L'homme intelligent se confiant dans la sagesse in-finie, se résigne à toutes les tribulations qu'il éprouve, et ne voit en elles que des preuves de son aveuglement.

S'il rencontre la douleur où il croyait trouver le plaisir, il sait que tout est pour le mieux, et que ce qu'il est tenté de prendre pour un malheur ne lui paraît tel que parce que sa vue est bornée.

Pour lui, tout est nécessaire, puisqu'il sait que l'infini a tout prévu et n'a pu régler tout qu'infiniment bien.

Si par fois il verse des larmes que l'égoïste ne connaît pas, il y a dans ces larmes plus de douceur que d'amertume.

Puisqu'il sait que les douleurs sur lesquelles il pleure, quelle qu'en soit la raison ignorée, ne sont que des phases nécessaires, mais toujours décroissantes d'une vie de plus en plus heureuse pendant l'éternité,

Car il sait que Dieu est infiniment bon.

L'hypocrisie est un progrès sur la superstition (abnégation de la raison), et sur le fanatisme (superstition devenue furieuse).

J'appelle hypocrisie, non-seulement le masque épais du tartufe,

Mais le voile plus léger dont se couvrent les hommes qui, revêtus de la toge, tonnent contre des *crimes* ou des *vices*, dont chacun sait bien qu'ils sont les premiers à rire quand ils ont repris l'habit bourgeois,

Et celui plus transparent encore de ces hommes qui suivent quelques-unes des pratiques d'une religion à laquelle personne ne croit plus, et disent pour colorer leur conduite : il faut une religion pour le peuple, ou bien : il faut donner le bon exemple aux enfans — 40 — 75 à 75.

L'hypocrite commence à protester par quelques-uns de ses actes contre la vieille loi religieuse; il trouve plus de plaisir à la violer qu'à la suivre;

Mais il n'est pas assez intelligent pour concevoir que cette loi doit être remplacée par une autre meilleure, — ou, s'il le sait, il n'a pas encore la force de s'exposer à l'animadversion des hommes arriérés en le leur disant.

D'autres dissimulent, parce qu'ils voient qu'à l'observation de la vieille formule tient la conservation des débris de l'ancienne société.

Ils ne voient pas que la forme de la société, comme celle de la morale, est éternellement progressive,

Et que d'ailleurs, une loi qui n'est plus bonne ne le redeviendra pas parce que quelques hommes feront semblant de la regarder comme telle.

Il y a chez les femmes plus d'hypocrisie que chez les hommes. — Est-ce à dire qu'elles soient moralement plus faibles? non sans doute.

Mais c'est que, placées dans une position infiniment moins avantageuse que celle où les hommes se sont mis eux-mêmes, il leur faut beaucoup plus de force pour se mettre au-dessus des préjugés.

Placées plus bas, il leur faut une énergie plus grande pour s'élever au même point, et elles savent que, si leurs efforts ne sont pas suivis de succès, leur chûte sera plus lourde et suivie de conséquences plus fâcheuses.

Jusqu'à ce jour la force physique a été la loi suprême, *ultima ratio regum*. C'est en vertu de cette loi que les femmes ont été constamment exploitées par les hommes qui leur ont toujours imposé des devoirs au-dessus desquels ils savaient bien se mettre soit de droit soit au moins de fait.

Comment les femmes ne seraient-elles pas hypocrites? dès leur enfance on leur apprend que sous peine d'exposer le bien-être de toute leur vie, elles doivent s'étudier à cacher leurs idées, leurs sentimens.

Elles doivent feindre d'ignorer ce qu'elles savent, jouer l'indifférence quand elles brûlent d'amour, paraître gaies quand le désespoir est dans leur cœur.

Et dans la société actuelle cette comédie continuelle est nécessaire.

Car si une femme laisse apercevoir des dispositions à un sentiment tendre, ses tyrans se feront un jeu d'abuser de sa candeur et une *gloire* de lui faire violer la loi qu'ils lui ont imposée.

Eux aussi ils feindront pour un temps ; ils paraîtront tendres, soumis, serviles même, et quand leur victime, trompée par l'apparence d'un sentiment auquel elle croit parce qu'elle l'éprouve, leur aura fait le sacrifice de ce qu'elle regarde comme son devoir le plus sacré,

Le séducteur relèvera fièrement la tête et dira : je suis vainqueur !

Car il sait que l'inconséquence, l'injustice, l'inintelligence de la *société* accordera au trompeur les honneurs du triomphe et n'aura pour celle qu'il a indignement trompée que l'injure et le mépris.

Rarement les femmes ont osé protester contre cette injustice, et ce fut un homme, un homme divin qui dit aux juifs assemblés pour lapider une femme adultère : que celui de vous qui est sans péché lui jette la première pierre. — Jean 8, 7.

Sans doute, ce n'est pas que toutes les femmes regardent comme juste la loi sous laquelle les hommes les ont forcées de se courber. Il en est beaucoup qui savent que, du séducteur et de sa victime, le premier est le plus et même le seul méprisable, et que, quoi qu'en aient dit les hommes, ce qui est pardonnable pour l'un, ce dont il se vante comme d'une *bonne fortune*, ne peut être pour l'autre une infamie, un déshonneur ineffaçable.

Mais elles n'osent avouer leurs véritables sentimens, convaincues qu'elles sont que la force est encore une loi, que celles qui tenteraient de s'y soustraire ne feraient qu'aggraver leur position, et que leurs efforts d'émancipation n'aboutiraient à rien, si ce n'est à faire connaître à tous qu'elles n'ont pas de respect pour la vieille loi, c'est à dire, qu'aux yeux du plus grand nombre, aux yeux de ceux qui croient que la forme actuelle de la morale est seule bonne, elles seront réputées immorales.

Le progrès doit nécessairement amener l'époque où l'intelligence seule aura le droit de gouverner le monde. — Alors il sera reconnu que la femme est l'égale de l'homme.

Alors la femme, libre de dire toute sa pensée, sera appelée à faire de moitié avec l'homme la nouvelle loi qui régira la société.

Cette époque ne peut être éloignée, car s'il est encore chez les peuples civilisés, des hommes qui prouvent par leurs actes qu'ils croient que la force est une loi, il en est bien peu qui oseraient avouer une pareille opinion. — Le règne de la violence touche donc à sa fin.

Alors paraîtra une femme, un messie en qui se résumeront tous les besoins, tous les désirs de la moitié de l'humanité, et qui viendra les dire au monde.

Car s'il y a un premier parmi les hommes, il y a aussi une première parmi les femmes.

Et cette femme sera le sauveur des hommes comme celui des femmes.

Car la promulgation de la loi d'égalité de l'homme et de la femme aura pour premier résultat de changer en puissance moralisante l'influence de la femme presque toujours démoralisante aujourd'hui.

Car l'influence que la force de l'homme refuse à l'intelligence de la femme, celle-ci sait bien la conquérir par la ruse.

Car toujours la tyrannie engendre la ruse, et la ruse, c'est-à- dire l'absence de la franchise, rend impossible toute association, toute véritable société.

En attendant la venue de ce nouveau chef de l'humanité, honneur aux femmes fortes qui, les premières, au nom de leur sexe, ont crié liberté, égalité! Elles crient encore dans le désert; — les ténèbres ne comprennent pas la lumière qu'elles apportent.

Mais si le plus grand nombre des hommes et même des femmes de leur siècle essaient de leur faire une couronne d'épines et de boue, la postéritté leur élèvera des autels.

La liberté consiste à faire ce qu'on aime. — L'être qui aime le plus, l'être le plus intelligent est aussi le plus libre.

NOTES.

(1) Au commencement était le Verbe, et le Verbe était avec Dieu, et le Verbe était Dieu. *Jean* 1—1.

(2) Dieu ne parle qu'une fois, et il ne répète point ce qu'il a dit. *Job* 32—8.

Rien n'est nouveau sous le soleil et nul ne peut dire : voilà une chose nouvelle, car elle a déjà été dans les siècles qui se sont passés avant nous. *Ecclésiaste* 1—10.

(3) Et la lumière luit dans les ténèbres, et les ténèbres ne l'ont pas comprise. *Jean* 1—5.

(4) Alors Jésus dit ces paroles : Je vous rends gloire, mon Père, Seigneur du ciel et de la terre, de ce que vous avez caché ces choses aux sages et aux prudens, et que vous les avez révélées aux simples et aux petits. *Math.* 11—25.

(5) En disant voilà celui duquel je vous disais il viendra après moi un homme qui a été préféré à moi parce qu'il était avant moi. *Jean* 1—15.

(6) Jésus lui répondit : En vérité, en vérité je vous le dis, personne ne peut avoir part au royaume de Dieu s'il ne naît de nouveau. *Jean* 3—3.

(7) Ils lui dirent qui êtes-vous? Jésus leur répondit : Je suis dès le commencement, et c'est ce que je vous dis. *Jean* 8—25.

(8) Jésus leur répondit : En vérité, en vérité je vous le dis, j'étais avant qu'Abraham fût au monde. *Jean* 8—58.

(9) Vous les reconnaîtrez par leurs fruits ; peut-on cueillir des raisins sur des épines, ou des figues sur des ronces ?

(10) Ainsi, tout arbre qui est bon produit de bons fruits, et tout arbre qui est mauvais produit de mauvais fruits. *Mathieu* 7—16—17.

(11) Et pour ce qui est de la résurrection des morts, n'avez-vous point lu ces paroles que Dieu vous a dites :

(12) Je suis le Dieu d'Abraham, le Dieu d'Isaac et le Dieu de Jacob ; — Or Dieu n'est pas le Dieu des morts, mais des vivans. *Mat.* 22—31—32.

(13) Si donc David l'appelle (le Christ) son Seigneur, comment est-il son Fils ? *Math.* 22—4.

(14) Et quant à ce que les morts doivent ressusciter un jour, Moïse le déclare assez lui-même, lorsqu'étant auprès du buisson il appelle le Seigneur le Dieu d'Abraham, le Dieu d'Isaac et le Dieu de Jacob.

Or Dieu n'est pas le Dieu des morts, mais des vivans, *parce que tous sont vivans devant lui. Luc* 20—37—38.

(40)

(15) La sagesse est dans les vieillards, et la prudence est le fruit de la longue vie. *Job* 12—12.

(16) Comment pourriez-vous croire, vous qui recherchez la gloire que vous vous donnez les uns aux autres, et qui ne recherchez point la gloire qui vient de Dieu seul? *Jean* 5—44.

(17) Personne ne peut venir à moi si mon Père, qui m'a envoyé, ne le tire à lui, et je le ressusciterai au dernier jour. *Jean* 6—44.

(18) Il est écrit dans les prophètes: Ils seront tous enseignés de Dieu. Tous ceux donc qui ont ouï la voix du Père et ont été enseignés de lui, viennent à moi. *Jean* 6—45.

(19) Vers le milieu de la fête, Jésus monta au temple où il se mit à enseigner.

Et les juifs en étant étonnés disaient: Comment cet homme sait-il l'Écriture, lui qui ne l'a point étudiée?

Jésus leur répondit: Ma doctrine n'est pas ma doctrine, mais c'est la doctrine de celui qui m'a envoyé. *Jean* 7—14—15—16.

(20) Mon Père et moi sommes une même chose. *Jean* 11—30.

(21) Ne croyez-vous pas que je suis dans mon Père et que mon Père est en moi? Ce que je vous dis, je ne vous le dis pas de moi-même; mais c'est mon Père qui demeure en moi, qui fait lui-même les œuvres que je fais. *Jean* 14—10.

(22) En ce jour-là vous connaîtrez que je suis en mon Père, et vous en moi, et moi en vous. *Jean* 14—20.

(23) Mais, à ce que je vois, quoique l'esprit soit dans tous les hommes, c'est l'inspiration du Tout-Puissant qui donne l'intelligence. *Job* 32—8.

(24) Si vous péchez, en quoi nuirez-vous à Dieu? et si vos iniquités se multiplient, que ferez-vous contre lui?

(25) Si vous êtes justes, que donnerez-vous à Dieu? ou que recevra-t-il de vos mains? *Job.* 35—6—7.

(26) L'homme vain s'élève d'orgueil en lui-même, et il se croit né libre comme le petit de l'âne sauvage. *Job* 12—8.

L'argile dit-elle au potier, qu'avez-vous fait? Votre ouvrage n'a rien d'une main habile. *Isaïe* 45—9.

La cognée se glorifie-t-elle contre celui qui s'en sert? La scie se soulève-t-elle contre la main qui l'emploie? C'est comme si la verge s'élevait contre celui qui la lève, et si le bâton se glorifiait, quoique ce ne soit que du bois. *Isaïe* 10—15.

(27) Jésus lui dit: Pourquoi m'appelez-vous bon, il n'y a que Dieu seul qui soit bon. *Marc.* 10—18.

(28) Mais la sagesse et la puissance souveraine est en Dieu; c'est lui qui possède le conseil et l'intelligence. *Job* 12—13.

(29) Le voleur ne vient que pour voler, pour égorger et pour

perdre ; mais pour moi je suis venu afin que les brebis aient la vie, et qu'elles l'aient abondamment. *Jean* 10—10.

(30) Les Pharisiens lui demandaient un jour quand viendrait le royaume de Dieu, et il leur répondit : Le royaume de Dieu ne viendra point d'une manière qui le fasse remarquer ;

Et l'on ne dira point : il est ici, ou il est là ; car dès à présent le royaume de Dieu est au dedans de vous. *Luc* 17—20—21.

(31) Ne vous faites point de trésors dans la terre, où les vers et la rouille les mangent, et où les voleurs les déterrent et les dérobent.

Mais faites-vous des trésors dans le ciel, où les vers et la rouille ne les mangent point, et où il n'y a point de voleurs qui les dérobent.

(32) Car, où est votre trésor, là aussi est votre cœur. *Mathieu* 6—19—20—21.

(33) Nul ne peut servir deux maîtres, car, ou il haïra l'un et aimera l'autre, ou il s'attachera à l'un et méprisera l'autre ; — vous ne pouvez servir tout ensemble Dieu et l'argent. *Mat.* 6—24.

(34) Celui qui est le plus grand parmi vous sera le serviteur des autres.

(35) Car quiconque s'élèvera sera abaissé, et quiconque s'abaissera sera élevé. *Math.* 23—11—12.

(36) Jésus leur répondit : Je vous dis en vérité que personne ne quittera pour moi et pour l'Evangile sa maison, ou ses frères, ou ses sœurs, ou son père, ou sa mère, ou sa femme, ou ses enfans, ou ses terres,

Que présentement, dans ce siècle même, il n'en reçoive cent fois autant des maisons, des frères, des sœurs, des mères, des enfans, des terres, avec des persécutions (au milieu même des persécutions), et dans le siècle à venir la vie éternelle. *Marc* 10—29—30.

(37) Il a arraché les grands de leur trône, et il a élevé les petits.

(38) Il a rempli de biens ceux qui étaient affamés, et il a renvoyé vides ceux qui étaient riches. *Luc* 1—52—53.

(39) Donnez et il vous sera donné. On vous versera dans le sein une bonne mesure, pressée, entassée, qui se répandra par dessus ; car on se servira envers vous de la même mesure dont vous vous serez servi envers les autres. *Luc* 6—38.

(40) Le jeûne que je demande consiste-t-il à faire qu'un homme afflige son ame pendant un jour, qu'il fasse comme un cercle de sa tête en baissant le cou, et qu'il prenne le sac et la cendre ? Est-ce là ce que vous appelez un jeûne, et un jour agréable à Dieu ?

Le jeûne que j'approuve n'est-ce pas plutôt celui-ci ? Rompez les chaines de l'impiété, déchargez de tous leurs fardeaux ceux qui en sont accablés ; renvoyez libres ceux qui sont opprimés par la servitude, et brisez tout ce qui charge les autres. *Isaïe* 58—5—7.

(41) Dieu tirera le pauvre des maux qui l'accablent et lui ouvrira l'oreille au jour de l'affliction.

Après vous avoir sauvé de l'abîme étroit et sans fond, il vous mettra fort au large, et vous vous reposerez à votre table qui sera pleine de viandes très-délicieuses. *Job* 36—15—16.

(42) Celui qui donne au pauvre ne manquera de rien, mais celui qui le méprise tombera lui-même dans la pauvreté. *Prov.* 28—27.

(43) Celui qui mourait de faim mangera le blé de cet insensé ; l'homme armé s'emparera de lui comme de sa proie, et ceux qui séchaient de soif boiront ses richesses. *Job* 5—5.

(44) S'il fait un monceau d'argent comme de terre, s'il amasse des habits comme il ferait de la boue.

Il est vrai qu'il les préparera, mais le juste s'en revêtira, et l'innocent partagera son argent. *Job* 17—16—17.

(45) Lorsque le riche s'endormira en mourant, il n'emportera rien avec lui ; il ouvrira les yeux et il ne trouvera rien. *Job* 17—19.

(46) Plusieurs d'entre eux disaient : Il est (Jésus) possédé du démon, et il a perdu le sens, pourquoi l'écoutez-vous ? *Jean* 10—20.

(47) Et étant venus en la maison, le peuple s'y assembla encore en si grande foule, que ni lui ni ses disciples ne pouvaient prendre leurs repas.

Ce que ses proches ayant appris, ils vinrent pour se saisir de lui (Jésus), en disant qu'il avait perdu l'esprit. *Marc* 3—20—21.

(48) Jésus lui dit : Je suis la voie, la vérité et la vie : nul ne vient au Père que par moi. *Jean* 14—6.

(49) Vous en rendrez aussi témoignage, parce que vous êtes dès le commencement avec moi. *Jean* 15—27.

(50) Je suis en eux et vous en moi, afin qu'ils soient consommés en l'unité, et que le monde connaisse que vous m'avez envoyé et que vous les aimez comme vous m'avez aimé. *Jean* 17—23.

(51) J'aurais encore beaucoup de choses à vous dire, mais vous ne pourriez pas les porter présentement. *Jean* 16—12.

(52) En ce jour-là vous ne m'interrogerez plus de rien. — En vérité, en vérité je vous le dis, tout ce que vous demanderez à mon Père, en mon nom, il vous le donnera. *Jean* 16—23.

(53) Ne soyez pas grands parleurs dans vos prières, comme les

païens qui s'imaginent qu'à force de paroles ils obtiendront ce qu'ils demandent.

Ne vous rendez pas semblables à eux, parce que votre Père sait de quoi vous avez besoin avant que vous le lui demandiez. *Math.* 6—7—8.

(54) Demandez et on vous donnera, cherchez et vous trouverez; frappez à la porte et on vous ouvrira ;

Car quiconque demande reçoit; et qui cherche trouve; et on ouvrira à celui qui frappe à la porte. *Math.* 7—7—8.

(55) Venez à moi, vous tous qui êtes fatigués et qui êtes chargés, et je vous soulagerai. *Math.* 11—28.

(56) Or la vie éternelle consiste à vous connaître, vous qui êtes le seul Dieu véritable, et Jésus-Christ que vous avez envoyé. *Jean* 17—3.

(57) Bien heureux les pauvres d'esprit parce que le royaume du ciel est à eux.

(58) Bien heureux ceux qui sont doux, parce qu'ils posséderont la terre.

(59) Bien heureux ceux qui pleurent, parce qu'ils seront consolés.

(60) Bien heureux ceux qui sont affamés et altérés de la justice, parce qu'ils seront rassasiés.

(61) Bien heureux ceux qui sont miséricordieux, parce qu'ils seront traités avec miséricorde.

(62) Bien heureux ceux qui ont le cœur pur, parce qu'ils verront Dieu.

(63) Bien heureux sont les pacifiques, parce qu'ils seront appelés enfans de Dieu.

(64) Bien heureux ceux qui souffrent persécution pour la justice, parce que le royaume du ciel est à eux.

(65) Vous serez bien heureux lorsque les hommes vous chargeront d'injures et de reproches, qu'ils vous persécuteront, et qu'à cause de moi ils diront faussement toute sorte de mal de vous. *Math.* 5—3 à 11.

(66) Celui donc qui violera l'un de ces moindres commandemens et qui apprendra aux hommes à les violer, sera le dernier dans le royaume du ciel. Mais celui qui les fera et enseignera sera grand dans le royaume du ciel. *Math.* 5—19.

(67) Accordez-vous plutôt avec votre adversaire, pendant que vous êtes en chemin avec lui, de peur qu'il ne vous livre au juge et le juge au ministre de la justice, et que vous ne soyez mis en prison. *Math.* 5—25.

(68) Et moi je vous dis : Aimez vos ennemis, bénissez ceux qui

vous maudissent, faites du bien à ceux qui vous haïssent, et priez pour ceux qui vous persécutent et vous calomnient. *Math.* 5—44.

(69) Afin que vous soyez enfans de votre Père qui est dans le ciel, qui fait lever son soleil sur les bons et sur les méchans, et fait pleuvoir sur les justes et sur les injustes. *Math.* 5—45.

(70) Agissez donc vous-mêmes envers les hommes comme vous voudriez qu'ils agissent envers vous. — Car c'est là toute la loi et les prophètes. *Math.* 7—12.

(71) Jésus répondit: « Vous aimerez le Seigneur votre Dieu de tout votre cœur, de toute votre ame et de tout votre esprit. *Deutéronome* 6—5.

C'est là le premier et le grand commandement, et voici le second qui est semblable à celui-là :

(72) Vous aimerez votre prochain comme vous-même. *Lévit.* 18—19.

Toute la loi et les prophètes sont renfermés dans ces deux commandemens. *Math.* 22—37 à 40.

(73) Malheur à vous docteurs de la loi et Pharisiens hypocrites qui payez la dîme de la menthe, de l'aneth et du cumin, pendant que vous négligez ce qu'il y a de plus important dans la loi, savoir : la justice, la miséricorde, la foi. — C'était là les choses qu'il fallait pratiquer, sans néanmoins omettre les autres. *Mathieu* 13—23.

(74) Malheur à vous docteurs de la loi et pharisiens hypocrites qui êtes semblables à des sépulcres blanchis qui, au dehors, paraissent beaux aux yeux des hommes, mais qui, au dedans, sont pleins d'ossemens de morts et de toute sorte de pourriture.

(75) Ainsi au dehors vous paraissez justes aux yeux des hommes, mais au dedans vous êtes pleins d'hypocrisie et d'iniquités. *Math.* 23—27—28.

(76) Ne pensez pas que je sois venu détruire la loi ou les prophètes. Je ne suis pas venu les détruire, mais les accomplir.

(77) Car je vous dis en vérité que le ciel et la terre passeront plutôt que tout ce qui est dans la loi ne soit accompli parfaitement, jusqu'à un seul iota et à un seul point. *Math.* 5—17—18.

(78) Toute vallée sera remplie, et toute montagne et toute colline sera abaissée. — Les chemins tortus deviendront droits et les raboteux unis.

Et tout homme verra le Sauveur envoyé de Dieu. *Luc* 3—5—6. *Isaïe* 40—4.

(79) Il jugera les nations et il convaincra d'erreur plusieurs peuples, et ils forgeront de leurs épées des socs de charrue, et de

leurs lances des faux. Un peuple ne tirera plus l'épée contre un peuple, et ils ne s'exerceront plus à combattre l'un contre l'autre. *Isaïe* 2— 4.

Ils s'entr'aideront tous les uns les autres, chacun dira à son frère prenez courage. *Isaïe* 41—6.

Ils bâtiront des maisons et ils les habiteront, ils planteront des vignes et ils en mangeront le fruit.

Il ne leur arrivera point de bâtir des maisons et qu'un autre les habite, ni de planter des vignes et qu'un autre en mange le fruit. *Isaïe* 65—21—22.

(80) Je crois fermement voir un jour les biens du Seigneur dans la terre des vivans. *Ps.* 26—13.

(81) Je vais faire des miracles tout nouveaux ; ils vont paraître et vous les verrez. Je ferai un chemin dans le désert , je ferai couler des fleuves dans une terre inaccessible. *Isaïe* 43—19.

(82) Et il a dit à l'homme : La parfaite sagesse est de craindre le Seigneur, et la vraie intelligence est de se retirer du mal. *Job* 18—28.

(83) Prétendez-vous sonder ce qui est caché en Dieu , et connaître parfaitement le Tout-Puissant ?

(84) Il est plus élevé que le ciel ; comment y atteindrez-vous ? Il est plus profond que l'enfer, comment pénétrerez-vous jusqu'à lui ? *Job* 11—7—8.

(85) Parlez à la terre et elle vous répondra , et les poissons de la mer vous instruiront. *Job* 12—8.

(86) Tout ce qu'on fait pour la liberté ou contre elle la sert également. (*Victor Hugo.*)

Aux époques critiques la liberté est le progrès.

(87) Chassez les moqueurs et les disputes s'en iront avec eux. Alors les plaintes et les outrages cesseront. *Prov.* 22—10.

J'ai vu le rire et j'ai dit à la joie : Pourquoi t'es-tu trompée ? *Ecclésiaste* 2—2.

(88) C'est pourquoi les hommes meurent comme les bêtes et leur sort est égal. Comme l'homme meurt, les bêtes meurent aussi ; — les uns et les autres respirent de même ; et l'homme n'a rien de plus que la bête. *Ecclésiaste* 3—19.

Qui connaît si l'ame des enfans des hommes monte en haut, et si l'ame des bêtes descend en bas ? *Ecclésiaste* 3—21.

Vous sauverez, Seigneur ! et les hommes et les bêtes, selon l'abondance de votre infinie miséricorde, ô Dieu. *Ps.* 35—6.

(89) Qui trouvera une femme forte ? Elle est plus précieuse que ce qui s'apporte de l'extrémité du monde. *Prov.* 31—10.

Elle a ceint ses reins de force, et elle a affermi son bras. *Prov.* 31—17.

(46)

Elle a ouvert sa main à l'indigent ; elle a étendu ses bras vers le pauvre. *Prov.* 31—20.

Elle a ouvert sa bouche à la sagesse, et la loi de la clémence est sur sa langue. *Prov.* 31—26.

Donnez-lui du fruit de ses mains, et que ses propres œuvres la louent dans l'assemblée des juges. *Prov.* 31—3!

Qui est celle-ci qui s'élève du désert, toute remplie de délices et appuyée sur son bien-aimé? *Cant. des Cant.* 8—5.

Dites à vos frères : vous êtes mon peuple, et à votre sœur ; vous avez reçu miséricorde. *Osée* 2—1.

Et vous, tour du troupeau, fille de Sion, environnée de nuages, le Seigneur viendra jusqu'à vous : vous posséderez la puissance souveraine, l'empire de la fille de Jérusalem. *Michée* 4—8.

Réponse péremptoire à toutes les critiques qui pourront être faites s'il advient que ces pensées soient un jour mises en lumière.

1° La majeure partie de ceux entre les mains desquels tombera ce livre, le jettera avec dédain, mépris ou colère, en voyant au commencement ce seul mot : *Un Saint-Simonien !*

Car Dieu veut qu'aujourd'hui encore on attribue aux Saint-Simoniens précisément le contraire de ce qu'ils ont dit.

Ainsi, beaucoup s'imaginent que les Saint-Simoniens veulent détruire la propriété, abolir l'hérédité et établir la communauté des biens et des femmes !!

A ceux-là je dirai, ou plutôt je prierai ceux qui les connaîtront de vouloir bien leur dire :

« Consultez les Saint-Simoniens si vous en connaissez quel-
» qu'un, ou bien ayez la bonté de lire leurs ouvrages et vous
» verrez :

» Que les Saint-Simoniens ne veulent rien détruire ; car ils
» savent que : *rien ne meurt, tout se transforme,*

» Mais qu'ils prédisent seulement que ce que Dieu a fait de
» toute éternité, il le fera éternellement ; c'est à dire :

» Que de même que l'exploitation de l'homme par l'homme est
» toujours allée diminuant, de même elle ira encore diminuant
» pendant l'éternité.

» Et l'exploitation de l'homme par l'homme, c'est la violation
» de la propriété.

» D'où il résulte que les Saint-Simoniens, bien loin de vouloir
» détruire la propriété,

« Annoncent au contraire que le progrès consiste en ce que la
« propriété sera de plus en plus respectée.

« Votre erreur vient de ce que vous ne vous êtes jamais rendu
« compte de ce que c'est que la propriété.

« Quant à l'hérédité, les Saint-Simoniens ne veulent pas l'abo-
« lir par la même raison que dessus.

« Mais ils savent et ils disent : que de même que les priviléges
« de la naissance, ou si vous voulez, de l'hérédité, sont tou-
« jours allés diminuant ou s'étendant, ce qui est la même
« chose ;

« De même ils continueront à diminuer en s'étendant pendant
« l'éternité ; c'est à dire que :

« Comme Dieu a voulu qu'un jour l'aîné n'héritât pas seul à
« l'exclusion de ses frères et de ses sœurs,

« Tout de même il arrivera qu'un jour la société n'aura plus de
« cadets et surtout de cadettes déshéritées.

« Mais que tous et chacun hériteront de tous en général, et de
« leurs parens en particulier.

« Vous vous convaincrez en même temps que les Saint-Simo-
« niens ont indiqué les moyens de parvenir à la réalisation *néces-
« saire* de cet avenir, sans passer par les secousses et les boule-
« versemens qui, jusqu'ici, ont accompagné toutes les améliora-
« tions.

« Pour ce qui regarde la communauté des biens, ce qui revient,
« je crois, à la loi agraire,

« Vous apprendrez que parmi les hommes qui désirent l'amé-
« lioration du sort des travailleurs, les Saint-Simoniens sont les
« seuls dont les principes ne conduisent pas à la loi agraire, les
« seuls qui puissent sans inconséquence combattre cette consé-
« quence nécessaire de la souveraineté du peuple et d'une égalité
« chimérique, qui n'existe que dans la tête de quelques songes
« creux, législateurs arriérés d'un bon siècle.

« Enfin, si ce n'est pas par pure plaisanterie que vous accusez
« les Saint-Simoniens de vouloir instituer la communauté des
« femmes,

« Ayez donc, s'il vous plaît, la complaisance d'ouvrir les yeux
« et de regarder autour de vous,

« Consultez vos amis et connaissances, et demandez à chacun
« d'eux de combien de femmes il a été le mari,

« Tâchez de savoir au juste combien, dans votre ville, il se
« trouve de ces maisons commodes où, moyennant une légère ré-
« tribution, tous et chacun peuvent être, pour une ou plusieurs
« heures, le mari d'une ou plusieurs femmes.

» Sachez au juste si ces *établissemens* sont clandestins ou s'ils
» sont autorisés par des hommes *moraux* qui partagent les profits
» du commerce avec ces *industrielles*, en prélevant sur elles un
» impôt.

» Cela fait, il serait peut-être convenable aussi que vous sussiez
» s'il n'y a pas par-ci par-là, quelque femme ou quelque mari
» n'observant pas très-scrupuleusement les règles de la foi
» conjugale. Mais la vie privée doit être murée comme chacun
» sait. — Ainsi respectons-la.

» Quand vous serez bien édifié sur tous ces points, et que vous
» serez bien convaincu qu'accuser les Saint-Simoniens de vouloir
» établir la communauté des femmes est une accusation équiva-
» lente à celle de vouloir établir l'éclairage de la terre par le
» soleil !

» Alors je vous apprendrai que, de tous les fléaux qui désolent
» et dévorent la société, et en particulier la classe la plus nom-
» breuse, la plus utile et la plus pauvre,

» La communauté des femmes est celui que les Saint-Simoniens
» ont le plus violent désir de faire disparaître le plus complète-
» ment et le plus promptement possible,

» Tandis que les hommes les plus *honorables* de notre époque,
» les législateurs s'obstinent à refuser le seul remède qu'il soit
» possible de lui administrer pour le moment; le divorce civil.

» Que les Saint-Simoniens savent que c'est cette plaie hideuse
» qui contribue de la manière le plus horriblement efficace à
» rendre presqu'impossible toute amélioration de la société, et
» surtout des travailleurs, dont les filles sont les victimes exclu-
» sivement dévouées à ces horribles communions !

» Que c'est elle qui peuple les hospices d'enfans trouvés et de
» vieillards, les hôpitaux, les prisons et les bagnes; — elle qui
» alimente l'échafaud !

» Que l'horreur qu'elle inspire aux Saint-Simoniens est expri-
» mée par eux dans tous leurs discours, tous leurs écrits, — pré-
» dications, chants, journaux;

» Enfin qu'ils sont les premiers qui aient conçu l'espérance,
» qui aient la volonté immuable d'en délivrer l'humanité.

2° Parmi ceux qui me liront, quelques-uns diront qu'en pro-
fessant que l'homme n'est pas libre, j'encourage le crime et lui
prépare une excuse.

A cela je répondrai : rien ne se fait sans la permission de Dieu,
rien, pas même les livres et les journaux.

Dieu ne veut plus que vous *punissiez* l'homme libre ou non,
mais il veut que la société se défende contre les loups, les voleurs
et les assassins.

Vous tuerez les loups tant que vous ne pourrez en tirer aucun parti, mais vous moraliserez les voleurs et même les assassins.

La prison, le cachot et même peut-être le bâton, sont encore un *aimant* nécessaire pour attirer certains hommes vers le bien. L'échafaud et les tortures ne conviennent plus pour cela.

3° Quelques-uns m'accuseront d'avoir matérialisé l'homme; car j'ai dit qu'il végétait vers le bonheur.

D'autres diront, avec autant de raison, que j'ai spiritualisé la pierre, car j'ai dit que la pierre est intelligente.

Aux uns et aux autres je répondrai : je ne sais, pas plus que vous ne le savez, ce que c'est qu'esprit et matière.

Mais je sais qu'il n'y a qu'un principe infini, c. à d., que Dieu est tout ce qui est.

Alors d'aucuns lâcheront le mot terrible de panthéisme. A ceux-là, je rirai au nez, et leur apprendrai que les mots ne m'effraient pas plus qu'ils ne me séduisent.

4° Les hommes de la critique diront : que ce n'était guère la peine d'abandonner le mystère de la liberté de l'homme et la prescience de Dieu, mystère incompréhensible au ciel même,

Pour retomber dans le mystère également incompréhensible d'un Dieu qui est tout ce qui est, et d'un homme qui est quelque chose et n'est rien.

Je leur répondrai que c'est beaucoup d'avoir foi au Dieu infiniment bon, c. à d., au bonheur infini, et de n'avoir plus la crainte de l'enfer.

Et les hommes de la critique sauront un jour que cette foi est bonne.

5° On dira peut-être aussi, que les passages de la Bible et de l'Évangile, par lesquels j'ai voulu appuyer mon texte, n'ont avec lui aucun rapport;

Ou que je rétrograde en prenant, comme les juifs, dans le sens matériel, ce qui n'avait qu'un sens spirituel.

Et moi je dirai : que tout est dans tout, et que si je n'ai pas trouvé des preuves dans tous et chacun des versets de la Bible et de l'Évangile, c'est uniquement parce que mon intelligence n'est pas infinie;

Que dans le livre éternel est prédit ce qui doit advenir pendant l'éternité, et que toutes les prophéties sont vraies dans le sens matériel, comme dans le sens spirituel; puisque esprit et matière sont une seule et même chose : Dieu.

Quant au reproche de rétrograder, reproche fondé à bien d'autres égards,

Je dirai que si je rétrograde, c'est parce que j'avance. Car si ma vue se perfectionne, je verrai plus distinctement les objets placés à une plus grande distance en arrière, aussi bien qu'en avant.

Car, si je progresse en Dieu, c. à d., si mes sympathies s'étendent, elles s'étendront sur les êtres, les idées ou les temps du passé comme de l'avenir,

Sur ceux qui me précèdent comme sur ceux qui me suivent. — Car Dieu est éternel dans le passé comme dans l'avenir, il n'a ni commencement ni fin.

6° Si l'on me reproche d'avoir jeté mes pensées pêle mêle, sans même avoir rapproché les unes des autres, celles qui appartenaient au même ordre,

Je réponds que je leur ai conservé l'ordre selon lequel Dieu me les a envoyées; et Dieu avait sans doute ses raisons pour cela. Car Dieu ne fait rien sans raison.

7° Je ne doute pas qu'il ne se trouve quelques hommes et quelques femmes qui partagent entièrement mon opinion.

Parmi *elles* il y en aura qui diront : cela est d'une vérité triviale, il n'est personne qui n'eût pu en dire autant. — Elles diront vrai.

D'autres diront : ces vérités sont évidentes comme la lumière, comment se fait-il que je ne les aie pas vues le premier?

J'affirme à ceux-ci qu'ils les ont vues comme moi, et qu'il ne leur a manqué que de les écrire et de les publier.

8° Les hommes et les femmes de l'ancienne loi, et même plusieurs de ceux et de celles qui ne la respectent plus qu'en très-minime partie;

Diront que je suis immoral, parce que je déclare que l'ancienne formule morale disparaîtra pour faire place à une autre.

Je leur répondrai 1° que mes actes..., ou plutôt je ne leur répondrai rien; — et laisserai au lecteur intelligent, le soin de répondre théoriquement pour moi, — l'avertissant, pour faciliter sa tâche, qu'il trouvera la réponse, et celles à toutes les autres critiques qui pourront être en nombre infini,

Soit dans mon ouvrage et ceux des autres Saint-Simoniens, soit dans Lessing, soit dans le Koran, soit dans l'Évangile, soit dans la Bible.

Soit même dans le Zend-Avesta ou dans tout autre recueil théologique plus ancien encore.

Car tout est vrai et Dieu ne parle qu'une fois.

FIN.

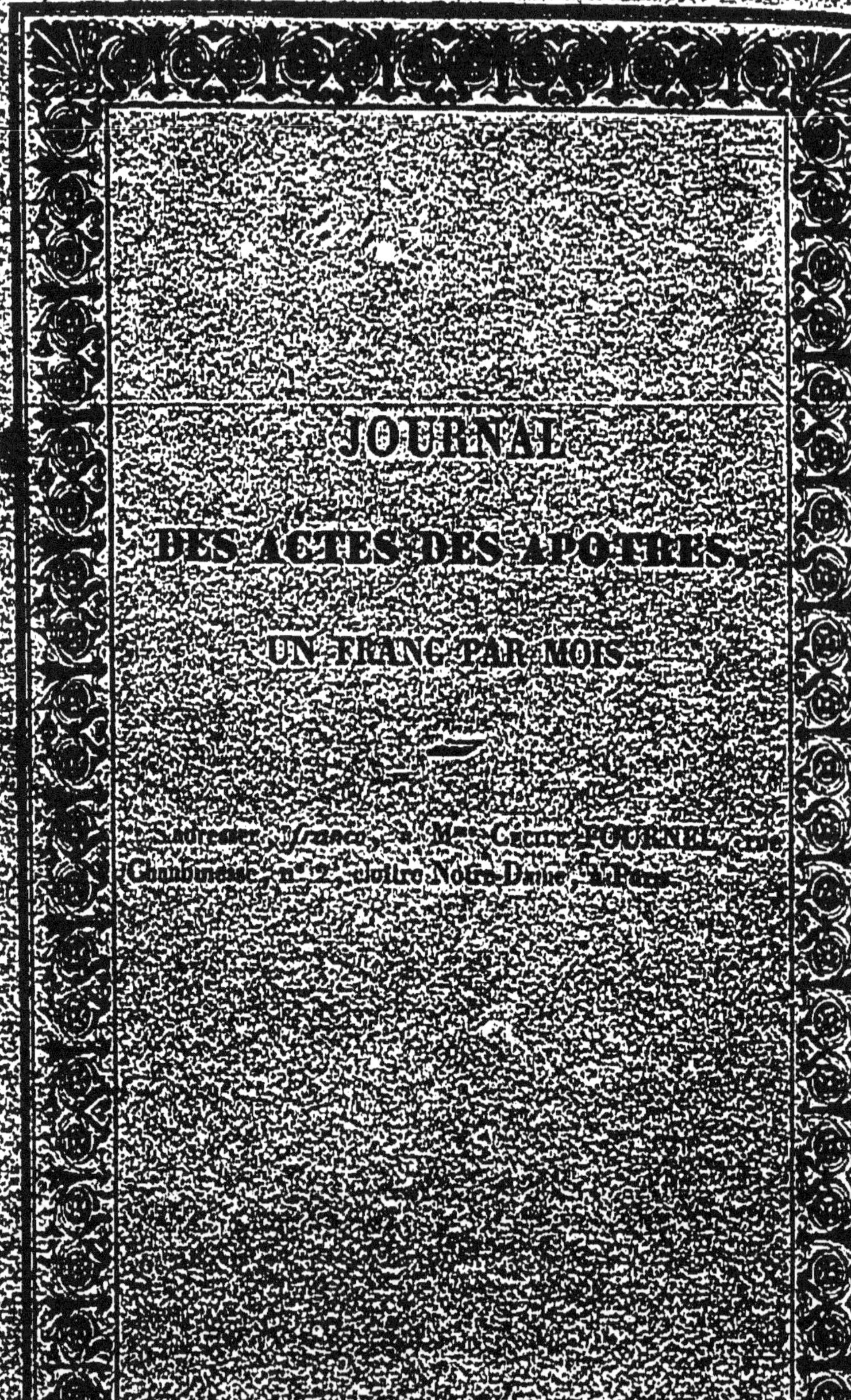
JOURNAL
DES ACTES DES APOTRES.
UN FRANC PAR MOIS